LE
SIÈGE DE LILLE
EN 1708

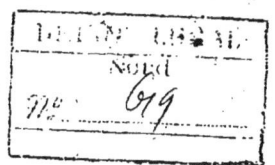

RELATION INÉDITE

publiée par

Le Chanoine Th. LEURIDAN,

ARCHIVISTE DU DIOCÈSE DE CAMBRAI,
PRÉSIDENT DE LA SOCIÉTÉ D'ÉTUDES DE LA PROVINCE DE CAMBRAI,
MEMBRE TITULAIRE DE LA SOCIÉTÉ DES SCIENCES DE LILLE.

LILLE
IMPRIMERIE L. DANEL
—
1910

LE SIÈGE DE LILLE
EN 1708

RELATION INÉDITE

On connaît un certain nombre de relations de ce mémorable siège, écrites par des contemporains, acteurs ou témoins. Le capitaine Sautai les a utilisées dans son excellente monographie : *Le Siège de la ville et de la citadelle de Lille en* 1708 (1).

Ces récits ont tous pour auteurs des personnages enfermés dans l'enceinte de la ville assiégée : le marquis de la Frezelière, MM. de Valory père et fils, Jean Godefroy d'Aumont, et autres.

Le journal inédit que nous publions ci-dessous est tout autre ; son auteur ne se trouvait point parmi les assiégés, mais résidait à Seclin, tout à proximité des assiégeants.

Après les témoins du dedans, il sera intéressant d'entendre un témoin du dehors.

Nous avons eu la bonne fortune de découvrir ce journal, il y a plus de vingt-cinq ans, dans un compte de l'Hôpital de Seclin (2). En 1891, nous le signalâmes spécialement à l'attention de notre collègue, M. Finot, qui rédigeait l'introduction de l'inventaire des archives de l'Hôpital (3), et qui

---

(1) Lille, *Lefebvre-Ducrocq*, 1899. Volume in-8°.
(2) Archives de l'Hôpital, E. 28.
(3) J. FINOT et VERMAERE, *Inventaire sommaire des archives hospitalières antérieures à 1790. Hôpital de Seclin.* — Lille, Danel, 1892. In-quarto.

annonça, dans une note, que « ce récit serait prochainement publié par M. l'abbé Th. Leuridan ».

Cette note porte la date du 9 décembre 1891 ; il y a donc dix-huit ans que la publication est restée « prochaine »…. L'homme propose, et Dieu dispose ! Mais, suivant un autre adage, comme il n'est jamais trop tard pour bien faire, nous réalisons, en 1910, la promesse un peu trop prématurée de 1891.

* *
*

L'auteur du manuscrit est un respectable ecclésiastique, maître ou directeur de l'Hôpital de Seclin (1), Maximilien Prévost, originaire de Mons en Hainaut, chanoine régulier de Saint-Nicolas des Prés de Tournai, élu maître de l'Hôpital le 23 janvier 1690 et mort dans l'exercice de ces fonctions le 28 décembre 1715, à l'âge de 74 ans. C'était déjà un vieillard quand il écrivit le récit que nous allons reproduire.

* *
*

> Avis et remarques considérables que j'ai jugé à propos de mettre à la fin de ce compte, au sujet du siège de la ville de Lille, lequel a presque ruiné cet hospital (il a commencé le treiziesme aoust mil sept cent huit), afin que nous et nos successeurs puissions avoir la souvenance des pertes et dommages inexprimables que nous avons soufferts en ce temps-là.
>
> *Dulce est meminisse laborum.*

De mémoire d'hommes, au dire de nos anciennes religieuses, il n'est point arrivé un désastre semblable à cet hospital, soit par rapport aux pertes, soit à l'égard de la longueur du temps. Les deux pillages causés par les troupes

---

(1) Voir : Th. LEURIDAN, *Histoire et cartulaire de l'Hôpital Notre-Dame de Seclin*. — Roubaix, *Reboux*, 1905-1908. Trois vol. in-8°.

de Witembergue et celles du mareschal de Turenne n'estoient rien en comparaison de celuy-cy (1).

Les pertes extérieures ne peuvent pas estre entièrement expliquées, tant elles sont considérables ; mais les peines intérieures que nous avons souffert par les frayeurs, les perplexités et appréhensions de perdre ce qui nous restoit, avec l'honneur des religieuses, et d'estre despouillez comme quantité d'autres, estoient bien plus accablantes, ainsi qu'il est aisé d'en juger par la suitte de cet escrit. Jour et nuict on estoit dans une continuelle inquiétude, sans pouvoir paisiblement reposer.

Mon dessein n'est pas de faire ici un journal particulier de ce long siège, cela n'estant pas mon affaire ; je ne dis que ce qui est arrivé en nostre maison et lieux circonvoisins.

Cependant, il convient sçavoir en général que la ville de Lille fut investie le treiziesme aoust 1708. La tranchée fut ouverte le 22 dudit mois, entre les 7 et 8 heures du soir, et le 27, on a tiré les premières volées de canon sur la place, un quart d'heure après sept heures du matin (2).

Lorsque cet orage se préparoit, pour conserver ce que nous avions sauvé à Lille, et ce qui nous restoit ici qui estoit le principal, il fut question de partager la communauté, dont sœur Marie-Antoinette (3), sœur Marie-Augustine (4), sœur Marie-Joseph (5), sœur Angélique (6), sœur

---

(1) L'Hôpital avait eu à subir deux pillages durant les campagnes de Flandre ; le premier, en 1657, par les troupes du duc de Wurtemberg ; le second, en 1658, par celles de Turenne.

(2) Le 27, vers huit heures du matin, le prince Eugène et le prince d'Orange vinrent mettre le feu aux premières pièces des batteries (SAUTAI, p. 87).

(3) Marie-Antoinette de Roose, morte le 21 décembre 1723, âgée de 85 ans et professe depuis 1663.

(4) Marie-Catherine Cardon, fille de Jean et de Catherine Beaumont, née le 1er novembre 1671, professe le 5 février 1690, décédée le 8 juin 1727.

(5) Brigitte de May, fille de Gilles et de Marie-Anne Buez, née à Lille le 13 novembre 1672, professe le 31 mai 1693, prieure le 12 décembre 1729, décédée le 11 septembre 1741.

(6) Marie-Catherine Carpentier, fille de Jean et de Marie Carpentier, née à Haubourdin le 7 février 1675, professe le 16 janvier 1695, décédée le 16 avril 1717.

Marie-Louise (1) et sœur Jenne-Françoise (2) furent envoyées au refuge (3) pour avoir soin de tout ce qu'il y avoit. Il sembloit à ces six bonnes religieuses qu'elles estoient comme sacrifiées pour le service de la maison. Quelqu'unes d'entre elles témoignèrent tant d'appréhension qu'il leur sembloit que c'estoit leur dernier jour.

Mais la suite a bien fait voir que les dix qui estoient restées à la maison, y compris les deux novices, n'estoient pas moins exposées qu'elles, soit que l'on considère tous les périls qu'elles ont généreusement supportés pour la conservation de la maison, pendant le logement de quatre généraux de l'armée de France et quantité d'autres, soit pour le travail extraordinaire pour fournir à boire et à manger à une infinité de personnes, et enfin à l'égard des blessés et malades qu'il a fallu veiller toutes les nuicts pendant plus de deux mois de suite ; et comme leur nombre estoit petit, le travail estoit plus grand et plus fréquent et accablant.

Pour prévenir les inconvénients, on tâcha d'avoir des sauvegardes dès le moment qu'on jugea le siège de Lille comme assuré. On commença par un garde du prince d'Orange (4) qui estoit logé à l'abbaye de Marquette ; puis nous eusmes un blanc de Monsieur d'Averquerque (5), un

---

(1) Marie-Louise de Bassecourt, fille de Philippe-François, seigneur d'Auchy-lez-Orchies, et de Marie-Eléonore de Beaufremez, née à Auchy le 4 juillet 1680, professe le 25 juillet 1700, décédée le 30 mai 1738.

(2) Jeanne-Hélène Lefebvre, fille de François et de Madeleine Moucque, née à Lille le 11 mai 1681, professe le 29 juin 1705, décédée le 1 octobre 1752.

(3) Comme la plupart des établissements religieux de la campagne, l'Hôpital possédait, à Lille, un refuge situé d'abord dans la rue de Fives, puis, dès 1614, dans la rue d'Amiens.

(4) « Le 9ᵉ septembre 1708 a esté payé au sauvegarde de la part du prince d'Orange, 21 louis d'or pour le blanc et les journées dudit Seigneur, et 28 écus neufs pour les journées du cavalier qui estoit garde de corps, et 2 eschalins pour racommoder son fusil, faisant ensemble 209 fl. 12 p. » (*Compte de l'Hôpital*, f° 36.)

(5) « Pour le sauvegarde en blan de Monsieur d'Auverquerque, a esté payé

blanc du prince Eugène (1), avec un sauvegarde de Westerloo (2), et un blanc et sauvegarde de milord duc de Malbouroug (3), lesquels ont couté des sommes immenses, comme il est déclaré dans ce compte, estans nourris au vin et à la sausse avec leurs chevaux.

Pendant les premiers jours de ce siège, tout alloit assez paisiblement; on voyoit passer devant nostre porte des fourrageurs allant d'un costé et d'autres. Il y avoit quelques fois des parties françoises; ils se chocquèrent une fois sur

---

un louis d'or et 22 eschalins en espèce, icy 18 fl. 8 p. — Au nommé Fredericque, cavalier de la brigade du sieur Cralinge, de la compagnie de Mons. Roo, avec le blan de Mons. d'Auverquerque, a été payé, le 18 de novembre 1708, pour nonante-quatre jours, à 35 patars par jour, la somme de 164 fl. 10 p. Pour les voyages qu'il a fallu faire pour avoir lesdits sauvegardes, pour les conduire au camp et les reconduire, a esté payez à un de nos chapelains à plusieurs fois la somme de 27 florins. » (*Compte de l'Hôpital*, f° 36 et verso.)

(1) « Nonobstant tous les frais exposez et toute la diligence prise pour notre conservation par le moyen de sauvegardes de tous les généraux des alliés, nous n'avons pas laissé d'estre entièrement fouragés les 6 et 7 du mois de septembre 1708. Et pour lors, nous avions trois sauvegardes effectifs et la quatriesme en blan, dont Monsieur le Révérend Prélat de l'abbaye de Loos nous avoit procuré celle du prince Eugène, et pour lequel nous luy avons remboursé, le 23 août 1708, deux louis d'or et deux eschalins en espèces, qui font 21 florins 14 p. » (*Compte de l'Hôpital*, f° 35 verso).

(2) « Le soldat auquel nous avions confié ledit sauvegarde en blan estoit cavalier du régiment de Westerlo, appellé l'Eveillé; il gagnait deux escus neufs par jour, et pour la première fois luy a esté payé 17 escus et demi neufs, qui font 49 fl. — Audit l'Eveillé, ayant esté rappelé pour la première fois, a esté payé, le 20 septembre 1708, deux escus neufs, icy 6 fl. 12 p. — Audit l'Eveillé, ayant esté absolument rappelé, a esté payé le 1ᵉʳ de novembre 1708, pour 45 jours, 63 fl. — Au nommé Rougy, lillois, frater dudit régiment de Westerlo, estant icy venu faire le bon valet le jour de notre grand fouragement, ayant laissez perdre ses équipages, pour le contenter en quelque façon, on lui a donné sept aulnes de toille blanche, un manteau couleur de son régiment presque neuf et en argent 16 fl. — Au capitaine dudit l'Eveillé, appellé le Rhingrave, et aux aultres officiers dudit régiment, a esté donné, à diverses fois, deux moutons et la moitié d'un, quelques tonneaux de bonne bière, pouletz et dindons et à rafraischir toutes les fois qu'ilz passoient par icy; ce qui se met pour remarque. » (*Compte de l'Hôpital*, f° 36.)

(3) « Pour le blan et la sauvegarde personnelle de milord, duc de Malboroug, a esté payé, le 9 septembre 1708, neuf louis d'or et quatorze escus neufs pour les journées de l'homme, et 5 fl. 5 p. qu'il a rapinez sous prétexte d'avoir perdu une couverte, faisant ensemble 138 fl. 19 p. » (*Compte de l'Hôpital*, f° 36.)

le maretz, dont il y eut un soldat allemand blessé à la mort et mourut à l'hospital un peu après y estre transporté. La seconde fois ce fut vers le chasteau, où il y eut beaucoup des chevaux pris et quatre ou cincq allemans tuez et quelques françois blessez, dont l'un mourut à l'hospital et l'autre s'est en allé presque guéry.

Ensuite on a fourragé tout ce que nous avions à la campagne, traneines, sainfoin et toutes nos avoines ; ce qu'on avoit tâché de sauver a esté pillé peu après, comme vous verrez dans la suitte.

C'estoit un passage continuel devant notre porte des chevaux que les soldats alloient abreuver dans nos fossez ; ils cryoient jour et nuit comme des damnez ; c'estoit un charivari épouvantable.

Tout ce tracas a commencé avec le siège jusqu'au cincquiesme de septembre et continué jusques à l'arrivée de l'armée de France. Mais ce n'estoit que le commencement de nos malheurs. Car ledit cincquiesme jour de septembre 1708, après midy, il vint un officier Holandois, disant d'avoir ordre de prendre du fourrage, avec environ 50 ou 60 hommes, qu'on tâcha de contenter en livrant du foin à chacun, et l'on donna bien à boire et à manger audit officier et à deux de ses compagnons.

Il semble pourtant que ce commencement n'estoit que pour esprouver la maison. En effect le lendemain, sixiesme dudict mois, quantité d'officiers de toute sorte de nations, avec un lieutenant des houssars habillé à leur mode, et l'officier du jour d'hier, ont visité tous nos greniers et ont pris toute l'avoisne qu'il y avoit, tant la nostre que celle qui y estoit réfugiée ; ils n'y ont pas laissé un seul grain, nonobstant que le seigneur de Ninove, frère à la religieuse de Nieppe à Lille, et le sieur Dutrieu, officier dans le régiment de Westerloo, envoyez ici exprès, fissent tous leurs efforts pour sauver quelques choses.

Notez que les sauvegardes n'exemptent point le fourrage,

soubz le nom duquel sont compris les grains en jarbe et celui qui est battu.

Nostre troisième assaut se fit le septiesme septembre. Il commença environ les sept heures du matin, avec quantité des fourrageurs à la porte, ausquels on disputoit l'entrée, pendant qu'ils entroient à la foule par le jardin de la cense. Et d'abord ils ont jetté à bas toutes les couvertures avec un fracas terrible, pris tout le foin qu'il y avoit sur les chenels, pillé toutes les granges avec ce qu'il y avoit dedans, emporté toutes les moyes, pillé la chambre de maître Jacques (1), fait couler dix tonneaux d'huille, tué cochons, veaux, poullets, cannards, dindons, dérobé l'équipage du frater de Westerlo (qu'on ne sçavoit par après contenter); enfin un fourragement ou pillage épouvantable. Il n'est pas resté une seule jarbe; emportés tous les utensiles de la bassecour, pelles, hoyaux, ferrailles, la corde et seaux du puits, enfin tout ce qu'on n'avoit su emporter, tant fut on surpris de leur entrée subite.

Ce ne fut ce jour-là qu'allarme continuel, tant au cimetière, près de la burie, qu'au jardin qui fut tout ravagé, et la pluspart des outils du jardinier desrobés. Ils auroient beu le vinaigre qui se faisoit au jardin, si on n'auroit pas cito emporté celuy qui estoit le plus aigre.

Quelques officiers hollandois témoignèrent d'avoir pitié de nous, ausquels on fit honesteté en leur donnant à boire et à manger. C'estoit une continuelle allée et venue des personnes de toute sorte de qualité, ausquelles il falloit donner incessamment à manger et à boire vin et bierre; et cela dura jusques après sept heures du soir.

Et sans la prévoyance desdits officiers qui nous assuroient que si on n'alloit trouver leur général qui estoit Monsieur le comte de Tilly, toute la maison seroit infailliblement pillée sur le soir par les maraudeurs qui resteroient expressément

---

(1) Jacques Brasme, maître des labours de l'Hôpital, de 1691 à 1746, décédé le 4 mars 1746, à 83 ans.

après les fourrageurs ; il y en eut même un desdits officiers qui s'offrit d'y aller en personne. En effet, il ramena avec lui seize hommes cavaliers, avec le neveu de mondit seigneur le comte de Tilly, dont huit restèrent ici comme en garnison, que nous avons nourri jusqu'à mardi le soir onziesme de ce mois. Les huict autres sont allez à Seclin pour conserver l'église collégialle, mais cela n'a point si bien réussi à cause qu'il n'ont trouvé personne pour les recevoir.

Le jour suivant le 8ᵉ dudit septembre, de bon matin, tous nos moutons, vaches et chevaux sont allez vers le pays d'Artois (1), pour y trouver à manger, n'estant resté aucune chose pour leur nourriture, tout ayant esté pris comme dit est et la couverture des estables et des escuries toute destruite et ruinée. Les vaches sont restées à l'abbaye d'Annay un peu de temps, les chevaux à l'abbaye d'Hennin-Liétard et les moutons plus avant dans le pays d'Artois.

Monsieur de la Haye (2) et Monsieur de Calonne (3) qui s'estoient icy réfugiez le cinquiesme du mois après midy, partirent d'icy en même temps pour aller à Béthune, et quantité d'ecclésiastiques et manans de Seclin en firent de même, l'un allant d'un costé et les autres d'un autre. La plus grande partie des maisons avoient esté pillées, l'église plusieurs fois forcée, les chaudières emportées, même celles de la brasserie du chapitre ; enfin une ruine totale.

Nostre maistre des labours qui conduisoit tous nos bestiaux avec une grande troupe des femmes et des filles qui s'estoient jointes à nos domestiques, me fit sçavoir le dixiesme dudit mois, par Pierre-Ignace, nostre boucher, que tout

---

(1) « A Jacques Brammes (maître des labours) pour les dépens des domestiques réfugiez au pays d'Artois, a esté payé, par quittance du premier de mars 1709, la somme de 33 fl. 5 p. » (*Compte de l'Hôpital*, fᵒ xxxviii verso).

(2) Philippe-François de la Haye, chanoine de Seclin dès 1694, élu chantre du chapitre en 1708 et mort en possession de cette dignité le 9 décembre 1747.

(3) François-Louis de Calonne, né à Tournai le 19 janvier 1667, fils de Jean-François, marchand de vins en gros, et de Gillette de la Charité, chanoine de Seclin dès 1698, mort à Seclin le 18 juin 1742.

alloit assez bien, qu'ils n'avoient rien perdu qu'une vache qui fut prise en chemin faisant par les maraudeurs allemans, mais qu'il avoit tout perdu ce qu'il avoit sur un chariot de vivres et de hardes. Une de nos servantes fut assez mal traitée, mais les chanoines de la Haye et de Calonne eschapèrent pour la peur.

Sur les six heures du soir (1), il y eut un assaut général sur le chemin couvert, qui n'a point des mieux réussi. Un officier de Westerloo nous a dit d'y avoir esté présent et que les assiégeans y ont bien perdu trois mil hommes (ce seroit beaucoup) et que de trois cens grenadiers il n'en estoit revenu que treize (2) ; beaucoup de monde avoit péri par une mine qui avoit sauté.

Dimanche 9ᵉ dudit mois de septembre, nous sommes restés avec nostre garnison de huit hommes assez tranquilles, mais c'estoit comme une halle de toute sorte des gens qui alloient et venoient ; et c'estoit à donner à manger et à boire continuellement, non sans des grandes appréhensions pour l'avenir, que le bon Dieu nous veuille préserver de tout malheur.

Le lundi 10ᵉ, il s'est passé assez tranquillement, sinon que vous aviez continuellement à vos oreilles un bruit épouvantable de tous ces abreuveurs de chevaux dans nos fossetz ; et c'estoit à donner à l'ordinaire à boire et à manger à quantité de personnes, dont un lieutenant, establi pour garde à Seclin, fit pescher à nos fossetz ; et pour prévenir un plus grand désordre, par le conseil de Monsieur d'Acre, officier à la suitte dans Westerloo, qui fut plusieurs fois icy, on luy envoya une honneste quantité de poisson qu'on avoit reçeu d'un soldat le jour d'auparavant. Il n'en fut pas content lors qu'on lui porta. Notez qu'il estoit à table chez Monsieur

---

(1) Le 7 septembre.

(2) De 172 hommes, le détachement de grenadiers prussiens n'en ramène plus que 40..... L'ennemi accuse lui-même une perte totale de 2.667 hommes. (SAUTAI, p. 122).

le Prévost (1), avec le curé (2) et le greffier de Seclin, qui ne firent pas grand accueil ni à nostre chapelain (3), ni à notre sauvegarde, qui n'en estoient pas fort satisfaits. On avoit pourtant donné avec ledit poisson deux pains, une grande cruche de bierre. Ledict lieutenant vouloit avoir six bouteilles de vin ; pour un temps on ne luy fit point de réponse, mais sur le soir il envoya demander effrontément si on vouloit faire réponse à ce qu'il avoit demandé ; on lui donna alors encore une grande cruche de bierre et deux bouteilles de vin et tout cela en la présence des personnes susdittes.

Le mardi onziesme dudit mois, sur les huict heures du matin, quantité de monde commandé de l'armée du siège avec des haches et chariots vinrent couper toutes les branches de nos haloteries environ la maison et dans nos bois, avec menace du lieutenant qui les commandoit que si on ne luy donnoit à boire et à manger, il tailleroit tout en pièce. C'estoit pour faire des gabions qu'ils ont construits devant nostre porte. Et sur les trois heures après midy on tira trois coups de canon du camp des alliés et tous décampèrent hâtivement, laissant les gabions imparfaits. Sur le soir les huict hommes de nostre garnison s'en allèrent, excepté deux qui voulurent bien rester ici avec deux blancs que j'avois et nostre sauvegarde de Westerloo souhaita de s'en aller aussi.

Les trois coups de canon susdits, c'estoit le signal que l'armée de France approchoit ; en effet, les mouvemens et les marches que ladicte armée a fait pour faire semblant de secourir Lille (4), ont attiré sur nous l'armée de Malbouroucq

---

(1) Le prévôt de Seclin était alors Frédéric-Winand de Fléron de Mellin, qui possédait cette dignité depuis 1698 au moins et mourut le 24 août 1724.

(2) Jean-François Gossart, curé de Seclin depuis le 7 décembre 1684, doyen de chrétienté, était encore en fonctions en 1710.

(3) Il y avait, en 1708, deux chapelains à l'Hôpital de Seclin : Bernard Henry, 1643-1710, en même temps bénéficier de la chapelle de Sainte-Marie-Madeleine en la collégiale de Seclin, décédé le 1 juin 1710 ; et Martin Monnet, 1708-1710, nommé ensuite curé de la paroisse de Beaucamps.

(4) Cette expression est un peu dure. La vérité est que le quartier général

qui estoit à Dechy, et ont causé toute la ruine d'icy aux environs, le pillage de nostre maison, la perte et la destruction de nos drèves et de nos bois, et l'incendie de Seclin.

Pour attendre les François, les ennemis avoient fait des fortes lignes qui enveloppoient toute leur armée ; elles prenoient de ce costé-cy vers la Croix de Loliotte, le moulin Marcq Chuffart et vers Hoyel. Il y avoit trois ou quatre batteries qui regardoient Seclin et l'hospital, dont les balles ont passez pardevant nostre porte et du costé de l'infirmerie, comme vous verrez ci après ; et si jamais on en fut venu à une action, toute nostre maison auroit esté toute gatée et peut-être bruslée ; mais Dieu nous a préservé de ce malheur, car les françois décampèrent comme il est dit cy-dessous.

Et la nuit du 11e au 12e, presque toute la ville de Seclin fut bruslée par un feu mis à dessein par les Hollandois. Il y eut quatre vingt deux maisons bruslées à deux fois ; la première qui fut le 8 au matin, il y en eut environ 14 ou 15, et les autres ceste nuit. Il seroit impossible d'exprimer les désordres, larcins et foules des peuples qu'on fist plusieurs jours de suite audit Seclin. Parmi cette confusion, toute sorte de gens se fourroient dans nostre maison, tous nos ouvriers avec leurs femmes et enfans, quantité de vieilles femmes et d'autres inconnus ; et durant ce vacarme plusieurs qui pensent toujours à mal faire nous ont dérobé deux grands chaudrons à la cuisine, sans qu'on eût peu sçavoir ce qu'ils sont devenus.

Ceste mesme nuict l'armée de France se saisit de Seclin et de toutes ses avenues et de deux de nos sauvegardes restées de huict susmentionnez ; et après les avoir retenu jusques au lendemain sans leur donner à manger, ils furent renvoyez avec leurs chevaux, avec un tambour françois.

---

français ne s'était pas dissimulé les sérieux dangers d'une bataille « dont l'évènement pouvait être douteux par les soins que les ennemis avaient pris de se fortifier et le long temps qu'on leur avait donné pour se retrancher. » (Voir : SAUTAI, p. 133).

Le 12ᵉ au matin, l'on vint marquer nostre maison pour y loger le marquis de Saint-Fremont, le comte d'Albergotty, Messieurs de Coigny et Senelay, et une grande quantité d'autres qui se fourèrent partout, tellement que les quartiers vieux et nouveaux, la grande cuisine, la grande salle, l'ouvroir mesme des religieuses estoient occupez ; il ne restoit pour noŝtre logement que le réfectoir et dortoir et le quartier des chapelains qu'ils n'osèrent prendre de crainte de balles de canon, selon que j'ay pu prévoir.

C'estoit une grande désolation pour nous ; toute la journée les soldats coupoient du bois à l'entour de la maison pour se baracquer ; on prenoit nos poissons dans les fossez ; ils faisoient manger l'herbe du pré à la burie par leurs chevaux ; les lavendières faisoient la lessive dans nos fossez, séchoient leur linge au feu de nostre bois ; ce n'estoit que tentes et baraques à la basse cour, aux jardins du couvent et de la cense, avec plus de vingt huict ou trente feux, sans la cuisine de ces bons messieurs. Et à force de prendre bois ils ont trouvé environ quatre à cincq charrées de foin qu'on avoit tâché de sauver en le couvrant de naffetas et furent enfin découvertes et ce qui avoit eschappé le pillage des Hollandois n'a pu éviter celui des François. Le canon des Hollandois se faisoit entendre de temps à autre et il y avoit de fréquentes escarmouches.

Le jeudy 13ᵉ dudit mois, environ les trois heures du matin, les troupes logées environ la maison et dans nos jardins commencèrent à crier aux armes, ce qui me fict lever en sursaut ; et sur le petit jour le canon de l'armée des alliés tiroit par interval quelques coups dont les balles passoient devant la porte de la maison. Sur le midy, Monsieur de la Câttoire, brigadier des armées de France, me fit complimenter et offrir ses services par le lieutenant et le trompette de mon neveu Vigneron, qui virent tout le beau tracas qu'il y avoit icy à cause de ce grand logement.

Ledit jour nous eusmes deux sauvegardes en blanc de

Monsieur le duc de Vendosme (1) et nous prismes deux dragons pour conserver le reste de nos bois sans grand effect ; et nostre pauvre vieux carosse fut tout despiécé dans la basse cour.

Nonobstant toutes ces précautions, nostre belle drève du chemin du bois, pareillement celle de la ruyelle Comtesse, fut toute ruinée, et les hormeaux à l'entour de nos terres et sur les patures et ailleurs tous coupez ; dans notre petit bois des beaux petits chesnes coupez comme à plaisir, car ils les ont laissez sur la place ; les arbres fruitiers dans les patures et ceux plantez le long du chemin des vaches ; enfin partout misérablement coupez, aucuns au pied, d'autres à hauteur d'homme. C'estoit un pitié de voir notre bois si mal traité pour trois jours que les françois furent ici campez, et tout dégradez ; les alliez jusques à ce temps cy n'y avoient presque point touchez.

Parmy cet embarras le sieur prévost de Seclin, accompagné du pasteur du lieu, vint icy au matin nous prier de prendre sa sœur à notre charge (on sçait ce que c'est de ceste pauvre dame), disant que où ils alloient ils n'y pouvoient aller avec des femmes. On sçeut par après qu'ils estoient allez à l'abbaye de Phalempin, d'où le prévost est revenu quelque peu après, mais le curé y est resté jusques au 30ᵉ de ce mois.

Le 14ᵉ se passa assez tranquillement, sinon que la ruyne des bois continuoit toujours, le verd aussi bien que le secq, jour et nuit, pour fournir à la boulangerie et à quatre cuisines, sçavoir du marquis de Saint-Fremond, d'Albergotty, Coigny, Senelay, sans les autres que nous n'avions pas connoissance. Tous les soldats qui nous approchoient estoient aussy altérez et affamez que les Hollandois. Les

---

(1) « A l'approche de l'armée de France, nous eusmes deux sauvegardes en blan du duc de Vendosme, et pour un homme, 6 fl. 10 p. — Et pour les hommes à quy nous avions donné lesdits sauvegardes a esté payé le 24ᵉ septembre la somme de 43 fl. » (*Compte de l'Hôpital,* f° 36 verso.)

neveux de Monsieur de Reifenberque nous vinrent faire leurs civilitez ; ils estoient logez par delà nos bois.

Environ les quatre heures après midy on tira un coup de canon du camp des Hollandois, qui a percé le toict de la grange au bois et enfoncé la muraille de l'infirmerie ; la balle pesoit bien douze livres. On disoit qu'il avoit esté laché sur Monsieur de Saint-Fremond. Environ les dix heures et demie de ceste nuit, il arriva un courrier audit sieur de Saint-Fremond.

Le 15ᵉ toutes les troupes campées icy et aux environs décampèrent de bon matin, et tous ces messieurs qui avoient promis payer le bois pour leurs cuisinnes et boulangerie, comme aussy la bierre, beurre, pigeons, grain et choses semblables, sont en allez sans payer un seul double. Et Monsieur d'Albergotty, qui paroissoit si honeste, ayant demandé un de nos chariots et deux chevaux, qu'il promit de renvoyer ici pour le disner, il ne le fit que le jour suivant, même sans escorte et sans avoir donné à boire ni à manger au charton, ni aux chevaux. Voyez l'honesteté de ces Messieurs !

Nous avons retenu deux dragons pour sauvegarde, de crainte des maraudeurs de l'armée de France. On disoit pour lors que la ville de Lille estoit rendue, mais il n'estoit point vrai. Après le disner, nous eusmes encore un sauvegarde hollandois de la compagnie de Monsieur de Roo.

Dimanche 16ᵉ, les fourrageurs de l'armée d'Hollande sont venus prendre les fourrages que l'armée de France avoit laissé icy et aux environs avec chariots et chevaux, et notre chariot et chevaux ci-devant mentionnez, revenant de rendre service à M. d'Albergotty, furent pris, aucuns disent à Martinsart, d'autres à Watiessart, par les Hollandois. Le même soir on fut à leur poursuitte, mais inutilement, ce qui nous mit en peine. Et ainsi presque tous les jours il arrivoit quelque chose d'affligeant.

Le lundi 17ᵉ de bon matin, on fut à la recherche desdits

chevaux, et comme l'armée d'Hollande estoit en pleine marche pour cottoyer celle de France, ils n'estoient pas encore retrouvez vers le midy. Nous reprismes de nouveau le sauvegarde du marquis de Westerloo, tellement que nous en avions encore quatre. Et sur le soir, le sieur Monnet, nostre chapelain, et nostre maistre des labours revinrent sans avoir trouvé lesdits chevaux. après avoir parcouru toute l'armée d'Hollande, qui s'extendoit depuis Watigny et Templemars, vers Fretin, Péronne, Anappes et autres villages. En effect ils n'avoient garde de les trouver, car lorsque lesdits chevaux furent pris à Martinsart, le 16ᵉ de ce mois, le charton, appellé Gilbert, fut contraint de charger du fourrage audit lieu, et de le mener proche les premiers moulins de Lille; et de là il fut obligé d'aller à La Bassée pour y charger du grain que les Hollandois prenoient dans laditte ville. Mais voyant qu'il n'estoit pas observé de si près, il s'échappa avec son chariot et ses chevaux, et revint icy sur les huit heures du soir, ayant passé au Pont à Vendin (Voyez le circuit!) sans que luy et ses chevaux eussent mangé depuis qu'ils estoient partis d'icy, qui estoit le 15ᵉ de ce mois au matin. Admirez la barbarie et l'inhumanité de l'une et l'autre des nations, quoique ce fut en leur rendant service. L'homme ni les chevaux n'en pouvoient plus.

Le 18ᵉ et 19ᵉ, on les passa assez tranquillement et les armées estantes un peu éloignées, après que les Hollandois eurent pris le meilleur fourrage, comme dict est cy dessus, nos domestiques, ouvriers et sauvegardes s'occupoient à ramasser le reste du fourrage et le bois délaissé d'un coste et d'autre sur nos terres, ne pouvant faire grande chose à cause que nous n'avions que deux chevaux et un chariot, les autres estant dans l'Artois et à cause aussi que les paysans de Gondecour, Chemy et Phalempin maraudoient comme des enragez, menaçants de brusler ce que nous avions ramassé, si on ne leur laissoit prendre tout ce qu'ils vouloient. Les pauvres gens de Seclin n'en faisoient pas moins, prenant tout ce qu'ils pouvoient au tiers et au quart indifféremment avec beaucoup d'insolence, nos ouvriers comme les autres; et l'on fit revenir deux de nos chevaux avec le charton appellé Jacques Fretin, qui estoient chez le lieutenant d'Hennin-Liétard, pour tâcher de sauver quelque peu de nos bois coupez.

Le 20e se passa assez bien, sinon qu'après midy on reçeut un billet du Ringrave, capitaine de notre sauvegarde au régiment de Westerloo, du camp du Pont à Tersin, par lequel il demandoit un mouton et quelques bouteilles de vin; on lui refusa le mouton, mais on lui envoya quelques bouteilles de vin, avec son soldat que l'on remercia. Et le sieur Monnet, notre chapelain, voulut bien le conduire jusques audit Tersin et faire connaître notre résolution audit capitaine, qui se servoit du nom de son colonel. Et ledit sieur Monnet est revenu le 21e après midy; et à son retour il nous dit que le colonel fit d'abord un peu l'estonné, mais qu'à la fin il vit bien que le mouton demandé ne luy auroit pas esté désagréable et il lui promit de lui en faire avoir la moitié pour le dimanche qui estoit le 23e du mois. Le sauvegarde même avoit mal au cœur du procédé de messieurs ses officiers; il revint encore pour estre notre sauvegarde, nonobstant que nous estions délibérez d'en prendre un autre, non pas qu'il ne faisoit pas son devoir, mais pour estre délivrez des importunitez des officiers de son régiment. Cependant on nous a dit que les autres font la même chose.

Le 21e s'est donc passé comme je viens d'escrire et le 22e à peu près de la mesme manière, et l'on parloit toujours différemment du succez du siège de Lille.

Depuis le 22e jusques au 24e qui estoit le lundy, ça esté à peu près la même chose, sinon que nous avons renvoyé ce jourd'hui au matin les deux sauvegardes de France, qui s'en retournèrent par Orchies à Tournay, conduits par Éloy Duquesne. Et tout le monde disoit qu'on ne tiroit plus sur la ville depuis le 23ᵉ le soir ni toute la nuict du 24ᵉ; il sembloit qu'il estoit ainsi à cause du vent contraire, mais nous avons sçeu par après qu'on ne laissoit pas de tirer fortement, et nous l'avons bien apperçu environ les trois heures après midy, quand nous avons entendu quelques coups de canon.

Le 25ᵉ au soir, Éloy Duquesne est revenu après avoir conduit lesdits sauvegardes jusqu'à Tournay, ayans logez tous trois à l'abbaye de Saint-Marcq, dont il m'a rapporté une lettre de Monsieur l'abbé pour nous consoler dans nos misères réciproques, tout estant désolé de ce costé-là comme par icy.

Depuis ledit jour jusques au 28ᵉ, il n'y a eu rien de nouveau sinon qu'on estoit toujours en frayeur et grande perplexité. La nuit du 28ᵉ au 29ᵉ il y a eu quelques troupes françoises venant de Douay qui ont tâchez d'entrer dans Lille, chargées chacun, à ce que l'on disoit, de cinquante livres de poudre et grenades. Vers les 11 ou 12 heures la nuict, ils avoient passé la grande garde, qui s'estoit retirée fort lâchement, mais par malheur pour eux, les dragons du quartier en eurent l'alarme, lesquels ont fait feu sur eux et il prit dans les poudres et grenades qu'ils portoient, ce qui fit un terrible fracas et massacre parmi eux, tellement que c'estoit une pitié de voir, le jour venu, quantité d'hommes et chevaux coupez en diverses pièces, les uns par le milieu du corps, les austres la teste coupée, aucuns fendus en deux, les autres sans bras et sans cuisses; enfin, chose extrêmement pitoyable. Notre chapelain Monnet, qui estoit allé au camp porter une lettre à Monsieur Le Gros, adjudant général de son altesse le prince Eugène, capitaine au régiment de Folquehof, auquel je m'estois donné l'honneur d'escrire pour lui recommander les intérêts de nostre maison et lui demander si nous pouvions bien faire revenir nos vaches du pays d'Arthois (j'avois pris cette liberté au sujet de deux de ses valets malades qu'il avoit icy envoyez nostre chapelain, dis-je, après ce grand désastre, venant d'Haubourdin, par curiosité, avec quelques parents de dame prieure (1).

Nonobstant cela, quelques-uns desdittes troupes sont entrez dans la ville, d'autres ont esté faits prisonniers, parmi lesquels y en avoit des blessez, d'autres ont tâché de regaigner Douay, et on dit qu'au Pont à Rache, il y en eut encore quelques-uns qui ont sautez en l'air (2).

Le 29ᵉ couroit un bruit à l'armée que le convoy qu'on y attendoit arrivoit heureusement et que les mareschaux de Barwicq et La Motte, qui pensoient s'y opposer, avoient esté battus, et l'on disoit que la ville de Toulon estoit assiégée par mer et par terre. Je crois que c'estoit une fausse nouvelle et à l'égard du convoy on a dit par après que le mareschal de Barwicq n'avoit point esté du combat.

Cependant le 30ᵉ ledict convoy est arrivé sur les quatre heures après midy, ainsi que ceux qui l'ont veu nous l'ont dit (3), et le pasteur de Seclin qui s'estoit enfuy avec les autres ecclésiastiques, ainsi que dict est cy-devant, a presché à la paroisse ledit jour qui estoit le dimanche, contre le larcin, et avec raison, car c'estoit chose inouïe comme ceux de Seclin déroboient l'un sur l'autre, dans l'église et ailleurs.

Ledit 30ᵉ, nous envoyasmes Éloy Duquesne visiter les riez Velus à Tourmignies, où l'armée de France avoit campé; et nous fit rapport que la cincquiesme partie des arbres que nous y avions, passé quelque temps, faict planter,

---

(1) La prieure de l'Hôpital était à l'époque du siège, Élisabeth Carpentier, élue à cette charge l'année précédente; elle mourut le 11 décembre 1729, à l'âge de 77 ans.

(2) Le récit de ce haut fait d'armes du chevalier de Luxembourg, qui parvint, malgré mille obstacles et dangers, à introduire dans Lille un important secours en hommes, en armes et en munition, est confirmé et complété par M. Sautai, chap. XVI.

(3) Il s'agit d'un grand convoi organisé à Ostende par les soins d'un officier de Marlborough et destiné à ravitailler les assiégeants; le comte de la Mothe avait reçu mission de l'arrêter et de l'empêcher de parvenir à sa destination, mais il se laissa battre à Wynendael (Sautai, p. 196).

estoit coupée, mais qu'il jugeoit que ce n'estoient pas les plus beaux.

Le premier d'octobre qui estoit lundy, Monsieur l'ajudant général Le Gros, pour réponse à ma lettre du 29ᵉ de septembre, nous fit sçavoir par le guide Sébastien, que nous pouvions faire revenir nos vaches. Et sans en rien sçavoir, nous avions envoyé ledict jour maistre Jacques avec un sauvegarde pour les ravoir et elles revinrent ledit jour environ les huict heures du soir, excepté deux qui sont restées dans un village d'Artois appellé Angevilles.

Le 2ᵉ d'octobre, le capitaine de nostre sauvegarde de Westerloo fit encore demander un mouton ou une rondelle de bonne bierre, mais nous fismes la sourde oreille. L'aumônier dudit régiment, qui est le sieur Douillé, de ma connoissance, nous amena un fort blessé de la compagnie du sieur Vandernotte, parent à l'évesque de Gand, lequel mourut deux ou trois heures après son arrivée. Il avoit reçu sa blessure dans le chocq qui se fit au sujet du convoy du 30ᵉ du mois passé. Il sembloit que ledit Douillé estoit sur le pétitoire ; il n'osa pourtant faire aucune demande, voyant que nous faisions fort le pauvre et avec raison.

Le 3ᵉ, sur les huict heures du matin, nous vismes passer quantité de troupes du prince de Hesse, qui y estoit en personne, avec des chariots, par le maret, prenant vers la haute planche ; et cela dura presque jusqu'à dix heures. On disoit qu'ils alloient faire un grand fouragement, comme ils firent, aux villages d'Annœulin, Meurchin, Provin-Bauvin et Herrin, où la damoiselle qui demeuroit avec le sieur pasteur fut honteusement despouillée.

Le 4ᵉ se passa assez tranquillement. Le 5ᵉ, maistre Jacque est allé, avec Antoine Marquant le jeune, au pays d'Artois, pour ramener nos chevaux et en vendre quelques-uns, si faire se peut, et y acheter quelque sacq d'avoine.

Ce jourd'huy, sur les cincq heures du soir, on entendit tout à coup un bruit épouvantable du canon qui faisoit branler toute la terre, avec la mousqueterie ; et cela dura environ une heure et demie sans relasche. Et puis il continua jusques environ les huict heures un peu plus doucement. On jugeoit que c'estoit un assaut général, mais nous avons su par après que ce n'estoit que sur un ravelin (1).

Le 6ᵉ au matin on entendit encore le canon environ les six heures. On jugeoit que c'estoit de la citadelle. La nuict avoit esté assez tranquille, et comme nous avions envoyé un de nos sauvegardes avec le sieur Monnet, nostre chapelain, au camp, pour sçavoir la réussite de l'attaque d'hier le soir, ils nous firent rapport que le ravelin cy-dessus mentionné n'avoit esté pris qu'à demy, faute des travailleurs qui n'avoient point suivi assez de près les assaillans, que les bresches du rampart estoient fort espatieuses, mais qu'il y en avoit aucune remplie des grands arbres qui estoient couchez tout le long les bresches, à cause qu'on avoit cessé de tirer quelques jours avant la venue du convoy.

Sur les onze heures il passa ici un détachement d'infanterie et cavallerie, dont deux officiers de Westerloo nous vinrent voir. Ils avoient des charettes et caissons ; ils ont rafréchi et faict halte à Seclin. Ils étoient en un instant déjà tout à l'entour de la maison, prenant ce qu'il y avoit de reste à la campagne. On ne sçait point où ils alloient ; ils croyoient d'aller faire quelque exécution en Artois, mais ils n'ont pas esté plus loing qu'à Carvin, où ils ont pris quantité de grain, tué des vaches, et commis des grands désordres, dont on dit que les sieurs pasteurs et de Chaulnes le père et son fils, chanoine de Seclin, ont esté despouillez et divers autres (2).

---

(1) Cinquième attaque du chemin couvert (SAUTAI, p. 208).

(2) Il y avait, en 1708, dans le chapitre de Seclin, deux frères chanoines, fils de Charles-Philippe Obert, seigneur de Chaulnes, et de Marie-Catherine Hangouart. Le premier, Jean-François Obert de Chaulnes, chanoine depuis 1698, fut nommé par Clément XI, le 23 mars 1715, trésorier du chapitre Saint-

Le dimanche 7ᵉ d'octobre, il a passé quantité des détachemens allans par le maret et par le grand chemin, avec charrettes et caissons, sans sçavoir où ils alloient. On a sçeu par après qu'ils ont esté furonner l'église de Gondecour et plusieurs autres villages. Depuis les dix heures on n'entendoit point tirer sur la ville ; mais sur le soir on tiroit encore. Cependant nous estions en peine pour nos chevaux et moutons ; maistre Jacques qui estoit allé en Artois le 5ᵉ, comme dict est, pour les ramener, nous lui fismes sçavoir que tous les détachemens susmentionnés étoient en marche, et qu'on disoit qu'ils alloient piller ledit pays d'Artois, où l'épouvante estoit extrèmement grande. Le dict maistre Jacques nous fict savoir, environ les huict heures du soir, par le retour des exprès que nous luy avions envoyez, qu'il estoit avec les chevaux et vaches et une charrée d'avoine sur le glacis de Douay ; et comme on ne laissoit pas passer le grain par la rivière, tous les ponts estans rompus, excepté celui appelé d'Auby, il promit quelque pièce à l'officier commandant ; moïennant quoy il lui promettoit de le laisser passer.

Le lundi 8ᵉ d'octobre, nous fismes tous les devoirs pour pouvoir ravoir nos bestiaux, le grand détachement susdit du 6ᵉ du mois estant repassé de bon matin après avoir faict encore des grands désordres par tout le bourg de Seclin, sçavoir au pasteur, chez madame Foscheux, ayant tué vaches, cochons et moutons. On dit que chez Darlez, à Attiches, ils ont tué ou emmené seize bestes à cornes.

C'estoit à la vérité une grandissime pitié de voir si peu d'ordre dans toutes ces troupes. Il semble qu'ils vouloient affamer les habitans et rendre le pays entièrement désert, prenans tout le grain qu'ils pouvoient attraper, aussi bien dans les églises qu'ailleurs, tout leur estant permis sans

---

Pierre de Lille, et mourut le 13 mars 1721. Le second, Sébastien-Marie Obert de Chaulnes, avait été pourvu d'une prébende en 1704 ; mais, n'étant pas engagé dans les ordres, il abandonna son bénéfice pour embrasser la carrière des armes ; il mourut au siège de Barcelone en 1714.

aucun respect. Nous en attendions à toute heure autant pour nostre pauvre reste, comme des criminels qui attendent l'arrest de leur condamnation. Je laisse considérer le lecteur si nous pouvions estre à nostre aise, entendant toutes ces choses à nostre voisinage. Au moindre bruict on estoit tout transi et en frayeur. Nous pouvions dire comme les Israélites dans l'histoire d'Esther : *tribulationes civitatum audivimus quas passae sunt et defecimus ; timor et hebetudo mentis cecidit super nos,* etc. En effet, c'estoit toujours quelque chose de nouveau qui vous donnoit sujet de se chagriner et appréhender des fascheuses suittes. Nostre seule consolation estoit de recourir à la divine miséricorde et de mettre tout notre espoir en sa divine providence, toutes les précautions humaines nous ayans pas fort assistez.

Ledict jour huictiesme du mois, sur les six heures du soir, on entendit redoubler les coups de canon avec la mousqueterie ; on voyoit les esclairs de nos jardins. Et cela dura presque toute la nuict. On croyoit que c'estoit quelque assaut ; c'en estoit effectivement un, mais le lendemain on disoit qu'il n'avoit point réussi (1). Et un peu après les sept heures du soir, maistre Jacque revint avec nos chevaux et un peu d'avoine et semence d'hivernage qu'il avoit acheté en Arras, où le sieur Joseph Cambier luy fit très peu d'accueil, nonobstant que je luy avois escrit une lettre fort honneste, partant icy mémoire.

Le 9ᵉ et 10ᵉ, il ne s'est passé rien de particulier, sinon que c'estoient continuellement des fourrageurs passant par le grand chemin vers Carvin et aux environs, faisant des grands désordres, tuant et desrobant les bestiaux.

J'ai escrit ce 10ᵉ une lettre à Monsieur d'Haffringues qui se tenoit au chasteau de Ligny, pour sçavoir s'il n'y avoit pas moyen d'avoir une sureté pour nos bestiaux. Il m'a répondu le même jour par une lettre très obligeante compatissant à

---

(1) **Sixième attaque** du chemin couvert (SAUTAI, p. 214).

nos misères, avec une incluse pour Monsieur Pester, intendant logé au Pont à Marc en Barœul, par laquelle il le prioit d'avoir égard à nostre maison ; et il nous conseilloit de la porter moi-même, afin que cela auroit plus de force. Et après midy, il vint encore icy deux officiers avec un chariot pour visiter s'il y avoit encore du fourrage. Cela nous donna une nouvelle alarme ; cependant, après avoir visité les granges et même l'hospital, ils s'en allèrent.

Ledit jour on parloit d'un convoy arrivé ou qui devoit arriver au siège et que le duc de Barwicq, qui vouloit l'empescher, avoit esté battu. Mais le sieur Monnet, qui fut avec notre sauvegarde de Westerloo au camp l'onziesme de ce mois, pour délivrer la lettre susditte à Monsieur Pesters, nous rapportèrent que ledit convoy n'estoit pas passé ; que le duc de Vendosme s'y opposoit, et qu'il en falloit venir à une action sanglante pour décider cette affaire ; qu'il alloit fort tristement parmy les gens de guerre au siège ; que les batteries des assiégeans ne tiroient plus.

Et n'ayans point trouvé ledit sieur Pesters qu'on disoit estre allé à Meunin avec le prince d'Orange et les députez des Estats de Hollande, pour y tenir conseil de guerre, et où le prince Eugène et milord duc de Malbouroug s'estoient aussi rendus, ils sont retournés pour le trouver et sont allez coucher au camp le 13e. Ils ont porté avec eux un mouton gras pour le Ringrave et le colonel le Jeusne, qui a esté bien venu. Ils ont aussi parlé à Monsieur Le Gros, adjudant, dont il est parlé ci-devant, sans pourtant avoir encore pu trouver ledit sieur Pesters. Et lorsqu'ils sont revenus le 14e, on disoit au camp qu'il devoit arriver une partie du convoy susmentionné, qu'on avoit fait passer sur des petites barques sur l'inondation qu'avoit faict le duc de Vendosme.

Le 12e, sur les dix heures, il passa encore quantité de troupes avec charrettes et caissons par le maretz et grand chemin, pour aller au fourrage ; ils sont allez à Phalempin, escortez d'un détachement de Westerloo. L'abbaye fut assez bien conservée, mais toutes les moyes des paysans furent emportées, où il y avoit quantité de beau froment en jarbe, comme il y avoit icy quand on a fouragé ; tout fut pillé et le grain qu'on avoit sauvé sur un plancher au haut de l'église à Camphin fut pareillement fouragé.

Quelques officiers de l'escorte nous vinrent voir au retour et nous dirent que les religieux de Phalempin les avoient carressés et qu'ils avoient tâché d'y mettre le meilleur ordre qu'il leur fut possible ; cependant que le soldat estoit insolent et intraitable. Et, entre autres discours touchant le siège de Lille, ils estoient bien fachez qu'il duroit si long temps, et nous dirent qu'il y avoit des braves gens tuez de part et d'autre, et que les assiégeans pouvoient avoir perdu environ huict mille hommes, qu'ils avoient beaucoup de blessez, mais pas beaucoup de malades, dont le principal hospital estoit à l'abbaye de Marquette et que les assiégés avoient bien perdu jusques à présent cincq mille hommes.

Ce jourd'huy treiziesme, les fourrageurs sont encore repassez, prenants la même route ; ceux de Seclin en eurent une chaude alarme quand ils arrivèrent, à cause qu'ils s'y estoient un peu arrestés. Mais ce ne fut rien alors ; ils laissérent même garde au lieu qu'ils appellent le fort, pour remédier au désordre. Ils ont fourragé et pillé le chasteau d'Oignies, où ils ont pris et aux environs bien soixante vaches et faict des désordres plus grands qu'on ne sçauroit dire.

Le 14e, le sieur de Lannoy, lieutenant de la Gouvernance et bailly général dudict Oignies, vint ici de bon matin fort déconcerté du mauvais traitement qu'on luy avoit faict le jour d'hier. Il alloit au camp pour tâcher de ravoir un cheval qu'on luy avoit pris tout sellez. Le reste de la journée fut assez tranquille.

Le 15e de bon matin, c'estoient encore fourageurs avec caisson et charettes passant par le grand chemin, prenant leur route vers Camphin et lieux circonvoisins. On dit que le 13e, ils ont faict dans l'église dudit Camphin des profanations horribles, ayant brisé le tabernacle, pris le ciboire et foulé aux pieds les saintes hosties, ce qui est épouvantable, sans qu'on en ait fait aucune recherche ny punition des coupables.

Le 16e on ne vit point des fourageurs, mais environ les dix heures, il vint icy des officiers à neuf ou dix pour avoir de la paille, mais nostre sauvegarde Fédéricq leur ayant fait connaître et montré que c'estoit un hospital, ils sont en allez assez paisiblement.

Le dit jour après vespres, le sieur Monnet est encore allé au camp pour parler à Monsieur Le Jeusne et lui porter une pièce de primnesel qu'il avoit souhaité et pour voir à la troisième fois s'il ne pourroit pas rencontrer le s^r Pesters, auquel il a enfin parlé le 17e, sans avoir reçeu aucune résolution touchant nos moutons, sinon qu'il a dit que si on nous fait quelque outrage, nous pourrons l'avertir.

Ledit 17e, les fourageurs et maraudeurs ont encore passé par le grand chemin avec infanterie et l'attirail ordinaire, prenant la route vers Camphin. Ils sont encore tous revenus fort chargez de toute sorte d'utensiles. L'après midy on n'entendit plus tirer ni de la ville, ni du costé des assiégeans, non plus que le 18e au matin et toute la matinée. Cependant des maraudeurs houssars allèrent vers le moulin rouge. A l'arrivée de nostre sauvegarde, ils se retirèrent. Il faisoit un très grand brouillard ; c'est pourquoy les fourageurs avec l'escorte restèrent un peu à Seclin, et pendant ce temps-là, ils entrèrent dans les maisons et prirent ce qu'ils y trouvèrent. Et estans passez au Pont à Vendin et lieux circonvoisins, ils y fouragèrent, et les françois fortifiez le long de la rivière tuèrent quelques houssars. Ils s'en vengèrent sur les paysans ; ils tuèrent un vieil homme de deux coups de pistollet, selon que nous ont dit des officiers de Westerloo qui rafraichirent icy, ils coupèrent la teste à une pauvre femme qui estoit cachée dans un fosset, et ramenèrent un homme prisonnier qu'ils disoient estre gascon, habitué audit Vendin passé trente ans ; ils disoient qu'ils le feroient pendre, soubsonné de les avoir trahy, parce qu'il s'enfuyoit vers la rivière. Voilà comme ils agissoient envers ceux qui estoient entre leurs mains.

Le 19ᵉ se passa assez tranquillement, et l'on ne vit point des troupes que celles qui avoient patrouillé et fait la grande garde. Le 20ᵉ et 21ᵉ, ce fut à peu près la même chose, sinon que le 21ᵉ qui estoit le dimanche, on commença à tirer le canon avec plus de violence qu'on avoit faict depuis le 17ᵉ, à cause qu'alors on disoit qu'il y avoit manque de poudre et que le 20ᵉ le couvoy estoit arrivé, dont on parloit diversement de la manière qu'il avoit passé.

Le 22ᵉ dudit octobre, on tiroit sur la ville de bon matin avec beaucoup de furie, ce qui a continué jusqu'à quatre heures et demie du soir et lors il a cessé tout à coup ; on croyoit qu'on avoit battu la chamade (1) ; ce qui estoit vray. En effet le 23ᵉ au matin, la grande garde et les fourageurs qui conduisoient environ vingt-deux chariots allans vers Camphin et Espinoit, disoient qu'on capituloit ; et environ les dix heures, nos sauvegardes assuroient que les Hollandois estoient déjà maistres d'une porte de la ville, sçavoir de la Magdeleine.

Le 24ᵉ s'est passé assez tranquillement et l'on parloit toujours diversement de la capitulation de la ville. L'on sceut enfin le 25ᵉ qu'une partie de la garnison estoit sortie de la ville ce matin, sçavoir la cavallerie, qui estoit entrée dans la ditte ville avec des poudres, comme il est dit cy devant. L'on parloit diversement de leur nombre. Aucuns disoient quinze cens hommes, d'autres moins. Et Monsieur le Mareschal de Boufflers, gouverneur de la place, est entré avec toute la garnison, cavallerie et infanterie, dans la Citadelle (2).

La ville a beaucoup pati pendant le siège. Il est constant qu'on y a mangé de la chair de chevaux et on la vendoit

---

(1) Lire l'émouvant récit de cette scène dans Sautai, p. 253.

(2) Voir : Sautai, chapitre XXIII

publicquement. Quantité des maisons et cloistres du costé de l'attaque ont estéz foudroyez du canon et bombes. L'épouvante a esté si grande que les religieux carmes deschaussés ont abandonné leur maison ; les religieuses grillées ont rompu leur closture, comme les carmélites, ursulines, célestines et autres qu'on voyoit aller par la ville d'un costé et d'autre, aucunes chez leurs parens, d'autres chez leurs amis ; la closture des religieuses du Saint-Esprit estoit ruynée presque de fond en comble, deux de leurs novices ont abandonné leur résolution et sont rentrées dans le monde.

Le 26e, je fus à Lille, où j'ai trouvé nos religieuses en bonne santé, lesquelles, pendant le siège, avoient esté obligées de livrer cent rasières de beau froment, que le Magistrat avoit priséz et appretiéz à treize livres, et ce nonobstant les placets et autres devoirs qu'elles avoient faict pour estre exemptées de ladicte livrance ; ce qui nous viendra assurément à grand préjudice dans la suite, à cause de la disette où nous sommes réduits par les fouragemens que nous avons souffert et la perte générale de la moisson de ceste année 1708.

Toute la population de Lille estoit extrêmement animée contre le mareschal de Boufflers pour toutes les exactions qu'il avoit faictes pendant le siège, pour garnir et munir la Citadelle par toute sorte de provision (1), et contre le

---

(1) Il est intéressant de comparer cette appréciation du maître de l'Hôpital avec celle que reproduit M. Sautai (p. 332) : En se voyant abandonnés le 25 octobre par la vaillante garnison, les habitants de Lille n'avaient point dissimulé leurs sympathies pour la cause française. Suivant M. Lefebvre d'Orval « ils s'étaient démenés terriblement ; une partie s'étaient arraché les cheveux et se lamentaient d'être obligés de changer de domination ». Leur affection restait entière au maréchal de Boufflers, à l'illustre soldat qui, depuis quatorze ans, les gouvernait de manière à mériter l'estime de tous. De longues années eussent été nécessaires pour faire oublier aux habitants de Lille MM. Le Peletier de Souzy, de Bagnols et de Bernières, ces intendants qui représentaient avec tant d'éclat l'autorité royale et dont la sage administration faisait oublier au pays, qu'ils gouvernaient au nom du roi de France, son titre de province récemment conquise ».

magistrat d'avoir si peu protégé la bourgeoisie. Ils ont pris tout le plomb des plommés de l'hospital Comtesse et les nochères des maisons des bourgeois, et pour nostre part, celles de nostre maison faisant le coin de la rue du Sec-Arembault.

On parloit diversement du changement qui se devoit faire dans la magistrature et autres choses permanentes. On disoit que le prince Eugène n'en vouloit avoir aucunes héréditaires ; le temps nous en fera sages (1). Ledit prince n'avoit pas encore fait son entrée solennelle dans la ville. et on n'en voyoit pas encore d'apparence quand j'en suis sorti ce jour d'huy vers les deux heures et demie de l'après midy.

Le 27e dudit octobre s'est passé assez tranquillement à nostre égard, et le 28e, qui estoit le dimanche, on nous a dit qu'on avoit chanté le *Te Deum* à Saint-Pierre à Lille, en présence du prince Eugène et quantité de toutes sortes de monde (2) ; et de bon matin Pitre, notre charton, est parti d'icy avec Eloy Duquesne pour aller chercher nos deux chevaux et nos deux vaches restées au pays d'Artois, comme il est dict ci-devant, et ils sont revenus vers le soir avec les dits chevaux estans tous ruynez. Deux de nos religieuses sçavoir les sœurs Marie-Angélique et Marie-Louise sont aussi revenues de Lille le même soir.

Le 29e dame prieure et sœur Catherine (3) sont allées à

---

(1) De fait, le renouvellement de la loi eut lieu dans les premiers jours de novembre. « Bien du monde s'était figuré un changement général. Plusieurs dépouillaient celui-ci de la robe et celui-là du conseil, ne voulant plus entendre parler des vieux serviteurs ; mais la chose tourna tout au contraire, et le changement ne saurait être moins. Il n'y eut que deux nouveaux rentrés et élus pour composer un corps si illustre. Seule, la tête du corps se trouva modifiée. Le rewart Hespel et le mayeur Muyssart, qui venaient de donner tant de marques d'attachement à la France, furent remplacés dans leurs fonctions ». (SAUTAI, p. 333).

(2) Voir : SAUTAI, p. 283.

(3) Catherine de le Fosse, professe dès 1682, décédée le 1er avril 1726, à l'âge de 68 ans.

Lille et pour saluer, en passant par le camp de Loos, Monsieur Le Gros, qu'elles n'ont point trouvé, et pour éviter la déclaration de nos bleds sauvez audict Lille, qu'on disoit devoir déclarer sur serment ; cependant elles n'ont pu éviter ladite déclaration qu'elles ont fait par l'avis et conseil de Monsieur d'Haffringues, lequel estant refugié à nostre refuge avec sa famille a promis d'avoir soin de nos intérêts comme des siens. Dame prieure est restée avoc sœur Catherine au refuge le 30e ; et le jour de devant il estoit tombé dans l'allée de nostre refuge un boulet de canon tiré de la citadelle, lequel, après avoir traversé quelques pignons du voisinage, y estoit tombé et brisé une garde robe appartenante à la servante du sieur Marlier, brasseur, sans avoir causé autre dommage.

Le dit 30e, nostre sauvegarde de Westerloo fut redemandé par son capitaine, et le jour de tous les saints, il fut reconduit au camp de Loos par le sieur Monnet, ayant reçeu pour cette fois quarante cincq journées. Nous n'avons pas été fachez de son rappel, à cause que son cheval estoit morveux et nous craignions par là une mauvaise suite.

Depuis le premier de novembre jusques et compris le 3e dudit mois, tout s'est passé assez tranquillement à nostre égard ; les houssars maraudaient encore à l'ordinaire. On dit qu'ils ont voulu insulter le moulin de Watiessart. Hier la nuit nostre maistre des labours est parti pour Douai pour y acheter du soucrion ; et le dimanche 4° de novembre il est revenu vers les six heures du soir, sans avoir pu charger du soucrion ni aucun autre grain, à cause que les officiers commis pour la sortie des grains audit Douay n'ont jamais voulu permettre d'en charger un seul grain. Il est revenu avec son chariot chargé de quelques sacs de son.

Depuis le dimanche jusqu'au mardi 6e dudit novembre, on parloit diversement de la Citadelle ; l'on disoit que les déserteurs qui en sortoient par centaines assuroient qu'il y avoit deux pieds d'eau dans les caves et casemattes.

Et depuis le 6e dudit novembre jusqu'au 9e, nous fusmes assez en repos, et ce jourdhuy il a bien passé de bon matin cincq à six cents hommes qui alloient vers le Pont à Vendin. Ils sont arrestés à un petit village à un quart d'heure de Carvin, appellé Aubucqueaux, où ils ont campez sans faire tort à personne, à ce que l'on disoit, pour observer quelques garnisons françoises sorties des villes frontières. Et depuis ils sont revenus chargés de fourage pris dans les villages et censes scituées dans les bois. Et ceux qui venoient de Lille disoient qu'on ne parloit non plus de la Citadelle comme s'il n'y en avoit point. L'on disoit aussi qu'il y avoit eu un grand feu à Hennin-Liétard, qui estoit pourtant arrivé (selon qu'on disoit à Douay) par meschef et imprudence de ceux qui battoient dans une grange pendant la nuit, avec de la paille ardente au lieu de lumière. Il y a eu plus de cent maisons bruslées. A l'égard de cet embrasement on en a parlé diversement : aucuns disoient que c'estoient les françois, d'autres que c'estoient les alliez qui y avoient mis le feu. Il n'y avoit rien de plus certain qu'il y avoit eu quantité de maisons bruslées, sans sçavoir précisément le nombre, ni par qui il estoit arrivé. Il est plus probable que ce fut par les françois, comme on l'a appris par après.

L'épouvante estoit si grande par tout le pays d'Artois qu'on se sauvoit de tout costé. On m'a escrit de Lille que la bassecour de l'abbaye d'Hennin Liétard avoit esté bruslée, le sieur abbé pris prisonnier par les alliez et ransonné à deux cens sacqs de farine et autant de bled, et que les religieux de Saint-Éloy avoient aussi esté ransonnez, dont il y en avoit quatre prisonniers, et qu'ils avoient pris aussi quatre hommes ou eschevins de Risbourg, le fer aux pieds et aux mains, pour les obliger à déclarer ceux qui avoient tué le prince de Hessen audit village, ou qu'ils seront punis à leur place, et qu'en chemin faisant ledit sieur abbé et religieux avoient estez relaxez.

Depuis le 9e jusqu'à ce jour 14e dudit mois, il alloit assez bien, mais ce matin avant le jour il a passé un grand détachement d'infanterie, qui fut suivi, vers les huit heures, d'un grand nombre de toute sorte de gens, cavalerie et infanterie, commandés par le fameux Saint-Amour, avec chariot et charettes, marchant vers Phalempin, Camphain, Neuville, Thumeries, Oignies et autres villages dans les bois. Passant par Martinsart, Denis Dupont fut fort mal traité et despouillé. A Thumeries, un censier, appellé Le Roy, a perdu tous ses moutons et vaches. A Attiches, Darlez a perdu une partie de ses moutons et ainsi des autres paysans qui furent battus et despouillez. On a veu passer par Seclin un soldat avec sa trousse et quatre moutons et un cochon, d'autres avec quantité des meubles, habits et utensiles de ménage. De long temps d'ici, on n'avoit veu un désordre semblable. Et ce qui est déplorable, ceux de Seclin les attendoient à la Croix pour acheter ce qu'il leur convenoit. Un lict de plumes a esté vendu deux escuz. On dict que leur sauvegarde même en fut scandalisé, disant que quand il estoit question de le payer ils n'avoient point d'argent, mais qu'ils en trouvoient bien pour acheter du larcin. La plus part du dict fouragement revenoient avec des vaches vivantes et avec plusieurs qu'ils avoient égorgées, qu'ils rapportoient encore toutes sanglantes dans des sacqs.

Et pour nostre part, un peu après midy, on vint crier à plusieurs fois : Sauvegarde ! Sauvegarde ! L'alarme fut chaude ; toute la maison fut en mouvement ; les unes couroient aux greniers, aucunes à la porte, d'autres sur les champs, au sujet que six dragons emmenoient par la ruyelle Comtesse une de nos plus belles vaches prise à l'entrée du marets, qui fut rattrapée par nostre sauvegarde Frédéricq. Un peu plus tard, ils l'auroient égorgée dans la cense des Euwis.

Ceux de ce fouragement ont si bien employé leur journée, que l'escorte fut obligée de passer la nuit à Seclin. Ils ont pris pain, beurre et habits où ils ont pu, principalement dans les maisons à l'écart. Ils ont tiré à bas quelques parties de maisons en la rue de Lille et vers le maretz pour leur faire du feu. Et comme nous sçavions qu'ils avoient traitez cruellement tous les lieux où ils avoient fouragez et pillez, prenants chevaux, vaches, moutons, meubles et ustensiles, on fut icy toute la nuit sur ses gardes. Les religieuses, domestiques et sauvegarde firent la sentinelle. Les bestiaux du chasteau, de Denis Dupont et de la cense du Four couchèrent à nostre bassecour. On n'osa même sonner les messes. Mais grâce au Seigneur, nous avons échappé cette fois pour la peur. Ils partirent de Seclin assez de bonne heure.

Et cejourd'huy 15ᵉ dudit novembre qui estoit un jeudy, nostre sergent nous fit rapport qu'on avoit veu passer par Bourgault une grosse troupe allant vers Avelin et la chaussée de Douai et lieux circonvoisins. On disoit qu'ils alloient fourager le village de Flines. Enfin c'estoit une grande pitié ; il n'alloit pas mieux après la prise de Lille qu'auparavant.

La Citadelle estoit toujours assiégée ; on n'en parloit non plus que si elle ne l'estoit point. Le jour d'hier, le magistrat de Lille fut renouvellé par les commissaires à l'ordinaire, au contentement du peuple. On disoit que la déclaration des bleds faicte depuis la ville conquise surpassoit celle qui fut faicte durant le siège de vingt mille rasières.

On n'a point confirmé qu'ils eussent esté au village de Flines, mais on a sçeu au vrai qu'ils estoient restez à Fretin, Péronne, Bouvines et Cysoing, toujours commandés par le nommé Saint-Amour. Ils y ont fouragé non pas si cruellement que dans les autres villages ; ils y furent cependant deux jours, le jeudi et vendredi. On fait toujours espérer aux paysans qui vont se plaindre qu'on y mettra meilleur ordre, comme ils ont faict sçavoir par un envoy du 15ᵉ de ce mois, émané vers Messieurs les députez de leurs Hautes Puissances, par lequel il est ordonné à tous ceux de la campagne de faire une déclaration exacte aux gens de loi de leur résidence, de tout le bled qu'ils ont, même de celui qui est caché dans des fosses, églises et lieux forts ; et lesdits gens de loi obligez de porter une déclaration générale à la greffe des Estats de la Chastelenie. Ledict envoy estoit signé : Fruict.

Le vendredi 16ᵉ de ce mois, sœur Marie-Antoinette, l'une des six qui estoient au refuge, est revenue icy. Et ledit jour après midi, des commis à la visite des grains de la part desdits députez de leurs Hautes Puissances, ne se contentant pas de la déclaration qui avoit esté faict auparavant par dame prieure au gouverneur et magistrat, ont furonné tout notre refuge de haut en bas, en présence de sœur Marie-Joseph, laquelle trembloit d'épouvante. Par bonheur, elle fut secourue de Monsieur d'Haffringues et l'on déclara en présence des mesureurs sermentéz qu'il y pouvoit avoir 174 rasières de toute sorte de bled, pour la subsistance de 64 personnes, tant du refuge que de cet hospital ; ce que lesdits commis ne vouloient pas mettre en notice, ce qu'ils firent toute fois après beaucoup d'instances de mondit sieur d'Haffringues.

Le 19ᵉ, qui estoit un lundy, pour satisfaire à l'envoy de ci-dessus, nous fismes nostre déclaration de la manière que Monsieur d'Haffringues avoit eu la bonté de minuter. Elle portoit 90 rasières pour la subsistance du nombre des personnes comme il est dit ci-devant ; et nostre ditte déclaration ne fut point envoyée à ceux de Seclin, mais directement aux greffes desdits États, et mondit sieur d'Haffringues voulut bien s'en charger.

Le mercredi 21ᵉ, il passa par le grand chemin un grand et nombreux fouragement. L'infanterie commençoit à passer par Seclin dès deux heures au matin. Ils ont encore esté fourager les villages comme ci-dessus, parmi les bois, mais il y eut un peu plus d'ordre que le 14ᵉ. Ils revenoient avec leur trousse de beau fourage et du grain qu'ils vendoient la plus part à ceux de Seclin, avides à leur ordinaire d'acheter du butin. Lesdits fourageurs n'avoient point des bestiaux vivants ni tuéz.

Le 22ᵉ après midy, il y eut icy une fausse alarme assez chaude, mais sans fondement et sur un faux bruit que le prévôt de Seclin estoit revenu de Lille et disoit qu'on devoit incessamment piller Seclin, ce qui n'estoit pas vray. Ayant envoyé chez lui pour en sçavoir la vérité, il estoit bien vray qu'il y passoit un petit fouragement des gens du comte ou prince de Nassau, qui ont rodé deux ou trois jours de suitte aux environs d'icy et dans les bois, même dans la cense appellée du Bois, appartenante à Monsieur Danmervalle, laquelle fut brulée par un parti françois ; le vendredi 23ᵉ de ce mois, on voyoit le feu de la chambre où j'estois vers les sept heures du soir.

Le 25ᵉ après midi, sur les quatre heures, on ne laissa plus sortir personne hors de Lille, jusqu'au 26ᵉ vers les onze heures du matin. On parloit fort qu'on se disposoit de part et d'autre à une grande action, ceux-ci pour avoir le passage et les convoys libres, les autres pour tâcher de l'empescher. On disoit même audict Lille que ce jourd'huy il estoit arrivé un chartier de Gand, qui disoit que les alliez avoient fonsé les lignes des françois à Dinse ; et la plus part des troupes qui estoient à l'entour de laditte ville, notamment du costé de la porte des Malades, détendoient leurs tentes et défaisoient leurs baraques. Tous les généraux de l'armée estoient en mouvement et aucuns estoient partys du camp et de la ville ; même, à ce qu'on disoit, le prince Eugène, le canon, les pontons et autres attirails de guerre, avec les troupes, marchoient vers Courtray et Dinse.

Et le 27ᵉ il arriva des courriers à Lille [disants que Milord duc de Malbouroug avoit forcé le passage de Kerkove, proche d'Audenarde, et pris la montagne près de laditte ville, que le duc de Vendosme avoit fortifié, et qu'il avoit deffait partie de l'armée de France et fait beaucoup des prisonniers, et qu'il estoit encore à la poursuite des fuyards ; que le prince Eugène avoit forcé le passage de l'Escault par trois endroits vers les villages de Pot et Canafe et qu'il estoit aussi à la poursuitte des françois, et qu'on attendoit à toute heure plus de particularité. Ceux qui estoient à Tournay en ce temps-là ont rapporté que les portes estoient trop petites pour y recevoir les fuyards. Une partie de la cavallerie qui avoit quitté le camp entour de Lille estoit revenue dans ses postes, qui estoit une marque que l'action ci-dessus mentionnée estoit finie, et le siège de Bruxelles, formé par le duc de Bavière, levé avec précipitation, y ayant abandonné son canon et bagage, après avoir donné un assaut à la contrescarpe où il avoit perdu beaucoup de monde. On en vendoit des relations à Lille (1).

Depuis le 27⁰ novembre jusques au premier du mois de décembre, il n'y a rien eu de particulier. Le 2ᵉ, qui estoit un dimanche, l'on fit un fouragement épouvantable vers Tourmignies, Nomain et villages circonvoisins, principalement à Templeuve en Pèvele, où le curé, qui estoit fort vieux, fut dépouillé, l'église pillée et les saintes hosties profanées par des sacrilèges horribles ; le censier de l'abbaye dudit Templeuve en Pèvele tout pillé et ses moutons tués et emportés. Il fut à Lille le même jour, et le lendemain comme les paysans venoient faire leurs plaintes à Monsieur d'Haffringues, logé à nostre refuge, il n'eut aucune raison auprès des généraux.

Le 5ᵉ dudit décembre, qui estoit un mercredy, il y eut grande réjouissance parmi les troupes à Lille. On chanta le *Te Deum* vers les 10 heures du matin, sans grande cérémonie ; le Magistrat fut averti fort tard et il ne vint point assez à temps à l'église Saint-Pierre. Vers les cincq heures du soir, on fit une triple salve du canon et de la mousqueterie parmi la ville ; on n'en sçavoit pas la raison et on en discouroit fort diversement ; aucuns disoient que c'estoit pour un grand avantage que l'armée du roi Charles avoit remporté sur celle du roi Philippe, laquelle on disoit estre

---

(1) Tous ces incidents de la campagne de 1708 sont relatés avec détails dans SAUTAI, chapitre XXV.

entièrement défaite et obligée de lever le siège de la ville de Donia en Espagne, formé par le chevalier d'Asselt, où il avoit perdu tout son canon et bagage ; les autres disoient que c'estoit pour la réduction du royaume de Sardaigne et de l'isle de Minorque. Le temps nous en éclaircira. On a sceu depuis que ce ne pouvoit estre pour Donia, à cause que ladite ville a esté prise et le chevalier d'Asselt n'a point esté battu.

On reçeut enfin la nouvelle que la garnison de la Citadelle de Lille, commandée par Monsieur le mareschal de Boufflers, avoit battu la chamade la nuict du 7ᵉ au 8ᵉ de décembre, et capitulé ensuitte (selon qu'on disoit) par ordre de la Cour, sans avoir enduré le canon, nonobstant que le siège de la ditte citadelle avoit commencé le 25ᵉ d'octobre, lorsqu'une partie de la garnison de la ville en sortit, qui sont un mois douze jours. Tous les dehors estoient pris, et les batteries prestes à battre en bresche ; on faisoit la garnison encore forte de quatre mille hommes ; on disoit qu'il y avoit parmi eux de la dysenterie et beaucoup de misères, comme il arrive dans un long siège ; les soldats très mal vestus. La garnison devoit sortir mardi onziesme décembre, aux conditions qui ont esté rendues publiques (1).

Encore bien que la Citadelle fust rendue, comme dit est, les troupes ne laissoient pas d'aller au fourage et de commettre les désordres accoutumés, comme ils firent ce lundy 10ᵉ du mois, passant par Seclin avec environ trois cents hommes infanterie et cavalerie avec chariots, allant à Attiches et lieux circonvoisins. On les vit revenir chargez de butin, comme chaudrons et autres meubles et utensiles, avec bestes tuez et autres vivantes. Je fus rencontré des dittes troupes vers le hameau dit la Folie, comme j'allois au camp de Los saluer Monsieur Le Gros et Monsieur Le Jeusne, colonel commandant le régiment de Westerloo,

---

(1) Voir : SAUTAI, chapitre XXVI.

ausquels je présentay à chascun la moitié d'un beau mouton et quelques bouteilles de vin. Nostre sauvegarde Frédéricq et le sieur Monnet estoient avec moy, et sœur Térèse (1) aussi qui alloit voir son frère Florent, malade à l'abbaye de Los, lequel mourut quelques jours après; sœur Marguerite (2) accompagnoit ladite sœur Térèse. Nous fusmes surpris de nous voir au milieu desdites troupes, à cause qu'il faisoit un grand brouillard, et nous estions en peine pour nostre maison. Cependant ils ne nous ont fait aucune insulte, ni à la maison, ni à Seclin ; mais au village d'Attiches, ils ont fait les outrages accoutumés, pillé l'église et les maisons. On en fit de même, ce même jour, à la ville d'Orchies et lieux circonvoisins, pillant et prenant chevaux et vaches.

Le mercredy 12ᵉ dudit décembre, je fus à Lille avec dame prieure; et le même jour vers le soir, on fit trois salves du canon et mousqueterie, et en même temps à la première volée toutes les cloches de la ville, petites et grosses, sonnoient toutes ensemble pendant une demie heure, en réjouissance de la réduction de la ville et citadelle. Le peuple témoignoit de la joye d'entendre les cloches qui avoient esté si longtemps muettes pour le siège.

Le 13ᵉ, tout le camp fut levé et toutes les troupes encore fort lestes et bien vestues passoient par la ville, comme aussi le jour suivant. Plusieurs soldats par régiment et par compagnie furent obligez de coucher par les rues. On disoit qu'elles marchoient avec le prince Eugène par Rousselaere vers Bruges, et que milord Malbouroug estoit devant la ville de Gand. Il avoit même couru un bruit qu'elle estoit rendue, mais il n'estoit point vray. On disoit qu'il y avoit une forte garnison dans ladite ville.

---

(1) Thérèse-Jeanne-Françoise Desmazières, née à Noyelles-lez-Seclin, fille de Noël-Marc, censier de la Pouillerie à Houplin-lez-Seclin ; professe en 1683, décédée le 1ᵉʳ août 1713, à l'âge de 43 ans.

(2) Marie Jacquart, fille de Jean, censier à Avelin, et de Marie Chuffart, professe en 1695, décédée le 7 juin 1753, à l'âge de 82 ans.

La garnison de la ville de Lille alloit assez librement marauder d'un costé et d'autre, ramenant quantité de bois avec charettes, sur leurs chevaux et sur leurs espaules; même on disoit que les officiers payoient leurs hostes avec du bois qu'ils faisaient couper largement. Mais on disoit que le 15ᵉ du mois on avoit deffendu, sur peine de la vie, à tous les soldats de sortir de la ville sans congé, pour éviter toutes ces pilleries. Il y a eu un grand désastre tout à l'entour de la ville et villages circonvoisins, pour l'abbatis de toute sorte d'arbres, tant fruitiers que sauvages en grande quantité.

Le siège de Gand continuoit et l'on disoit aussi que ledit 15ᵉ on avoit publié que tous ceux qui avoient des effets, grains ou meubles dans les villes voisines de France, pouvoient aller librement les requérir, ensuitte des articles stipulez entre le prince Eugène et le mareschal de Boufflers, dans la capitulation de la ville et citadelle.

Le 18ᵉ, nostre dernier sauvegarde, qui estoit Frédéricq, a esté remercié; oultre quelque présent qu'on luy fit, et pour son capitaine, il avoit gagné, à trente cinq patars par jour, la somme de cent soixante quatre florins dix patars.

Le 31ᵉ décembre 1708, on reçeut nouvelle à Lille que la ville de Gand avoit capitulé le 30ᵉ; que la garnison en devoit sortir le 2ᵉ de l'an 1709, ce qui estoit vray, ensuitte des relations qu'on en vit. La garnison françoise qui estoit fort nombreuse, soubz prétexte de revue, fit sortir la garnison espagnolle qui estoit dans le chasteau, et y fit entrer par cette surprise des troupes françoises, dont les autres furent fort irritéz; et se joignirent aux bourgeois, qui avancèrent selon toute apparence la capitulation, car les batteries estoient bien prestes, mais elles n'avoient pas encore joué. Ainsi cette ville avec toute sa garnison n'a tenu qu'environ vingt trois jours.

Bruges s'est rendue en même temps avec le fort de Pasquendalle; dont le 6ᵉ de l'an 1709 les feux de joie furent tout prestes à estre brulez, mais il les furent seulement le seiziesme dudit mois ; on en disoit diverses raisons, qui sembloient n'avoir pas grand fondement.

Ainsi la campagne est finie glorieusement pour les alliez, et nous nous sommes trouvez obligez, à cause des notables pertes précédentes, d'acheter à un prix très haut toutes nos denrées, comme le soucrion pour brasser, que nous avons esté chercher au Pont à Vendin, avec beaucoup de risques pour les parties françoises, comme aussi l'avoine et febves pour la nourriture de nos bestiaux, dont nous avons payé pour deux charrées de foin prises à Haubourdin 78 florins 8 patars et tout le reste à proportion.

Dieu veuille, par sa bonté et miséricorde, que cette année 1709 nous soit plus heureuse que la précédente et qu'il daigne éloigner de nous les misères et les calamitez dont nous avons esté si rigoureusement chastiez et accablez.

Au mois de janvier de ceste année 1709, il a esté ordonné par les baillifs des seigneurs hauts justiciers de la chastelenie de Lille à toutes les communautés et magistrats des bourgs et villages de ladite chastelenie de demander à chaque particulier une déclaration sur serment de toutes les pertes qu'on avoit souffert, tant pour les armées des alliez que de France.

Nostre perte portoit à l'égard des alliez la somme de 16.668 florins 16 patars, y compris la perte des habits et hardes de nos domestiques, qui portoit 94 florins 3 patars.

A l'égard de l'armée de France, dont une partie des généraux fut logée ici, nostre perte fut estimée à la somme de 11.557 florins 18 patars et 6 deniers.

Somme totale : 28.226 fl. 14 p. 6 d. (1).

---

(1) Un document des Archives de l'Hôpital donne un chiffre plus élevé :

« Procès-verbaux des dégats et enlèvements commis en 1708 par les troupes alliées et françoises, rédigés par M. Prévost, maltre, Elisabeth Carpentier, prieure, et Marie de le Mer, ancienne religieuse.

1° Meubles. — Fourragement général des 6 et 7 septembre par les alliés qui ont forcé les sauvegardes, 387 fl. 18 p. ; du 12 au 15 septembre, par les François,

On nous fait espérer que nous en aurons quelque chose pour nous dédommager ; le temps nous fera voir ce qu'il en arrivera.

Nous n'avons rien eu du tout ; c'est une honte d'écrire le peu de modération que les baillifs des Estats nous ont fait sur les vingtièmes de l'année 1708, à cause qu'ils disoient que la perte n'avoit point excédé la moitié de nostre remise.

Pour surcroit d'affliction, l'hiver qui avoit commencé au mois de novembre, et continué pendant les mois de décembre et janvier 1709, fut si rigoureux et violent, avec grande quantité de neige, que les bleds furent la plus part gelez et en très grand danger de rien avoir ; les soucrions et colsats entièrement perdus ; les arbres fruitiers et les vignes ont mouru à plusieurs costés ; ledit hyver, à quatre ou cinq reprises, a duré jusques au troisiesme jour du mois de mars de ladite année 1709, et puis a encore recommencé avec beaucoup de rigueur et duré jusques au 15ᵉ dudit mois.

· Tel est ce « Journal » du siège de Lille de 1708. Sans avoir un intérêt de tout premier ordre, ce document méritait d'être publié, croyons-nous, car il complète ceux que nous

---

60 fl. ; meubles enlevés à J.-B. Leuridan, clerc, et à d'autres employés. Total : 592 fl. 1 p.

2° Bestiaux enlevés par les alliés, 189 fl.

3° Grains enlevés par les alliés, 8.850 fl. ; par les François, 1.140 florins.

4° Fourrages enlevés par les alliés, 6.615 fl. ; par les François, 308 fl. 15 p. ; dégats commis sur les champs, etc. Total 7.704 fl.

5° Arbres montants et fruitiers détruits par les alliés, 206 fl. ; par les François, 100 fl. ; par l'armée de France, le 12 septembre, en prenant son centre à Seclin, 9.158 fl. 3 p. 6 d.

6° Dégradations à la maison par les alliés, 326 fl. 12 p. »

Total général, d'après la récapitulation annexée aux procès-verbaux, dont quelques-uns manquent sans doute, 37.851 fl. 13 p.

(Archives de l'Hôpital, B. 5.)

avons de ce mémorable fait de guerre. Sans doute, son auteur, fortement préoccupé, absorbé même presque complètement par ses inquiétudes, trop justement motivées, au sujet des biens de l'Hôpital dont il avait la garde, s'est montré d'une extraordinaire prolixité dans l'exposé des pertes subies par cet établissement. Mais son récit n'en est pas moins rempli de souvenirs intéressants pour la partie extérieure du siège, pour les menus faits de guerre qui accompagnèrent l'action principale, c'est-à-dire l'investissement de Lille.

A ce titre, il devait d'être sauvé de l'oubli.

www.ingramcontent.com/pod-product-compliance
Lightning Source LLC
Chambersburg PA
CBHW060956050426
42453CB00009B/1194